¿De quién es esta gorra?

Kerri O'Donnell

Traducción al español: José María Obregón

LECTURAS DEL BARRIO

Rosen Classroom Books & Materials™

New York

No es la gorra de la doctora.

No es la gorra de la maestra.

No es la gorra del bombero.

¡Es la gorra del policía!